LETTRE

AUX CITOYENS

MEMBRES DU GOUVERNEMENT PROVISOIRE

TOUCHANT LEUR DÉCRET DU 19 AVRIL 1848,
PRESCRIVANT L'ÉTABLISSEMENT D'UN IMPOT DIRECT

SUR LES CRÉANCES HYPOTHÉCAIRES.

OUVRAGE DÉDIÉ AUX CITOYENS FRANÇAIS

TITULAIRES DE CRÉANCES HYPOTHÉCAIRES

*résultant de Priviléges, de Contrats d'Obligations,
et de Jugements définitifs.*

PARIS,

IMPRIMERIE DE A. GUYOT.

Rue Neuve-des-Mathurins, 18.

1848.

LETTRE

AUX CITOYENS

MEMBRES DU GOUVERNEMENT PROVISOIRE,

Touchant leur Décret du 19 avril 1848, prescrivant l'établissement
d'un impôt direct sur les créances hypothécaires.

———◆———

CITOYENS,

Lorsque je vous ai vus vous emparer avec résolution de la
direction des affaires au 24 février, j'ai admiré votre courage
et votre dévouement à la patrie; j'ai cru que, prenant possession de l'édifice social, c'était pour le conserver et le res-
taurer; mais quand, par toute sorte de démonstrations con-
traires à ce but, vos intentions se sont révélées telles qu'elles
m'apparaissent, dirigées vers un nivellement, un renversement général, impossible d'ailleurs à accomplir d'une manière durable, mais d'une épreuve dangereuse à passer,
vers une résurrection de vieilles idées républicaines dont le
mépris de nos pères et l'expérience ont fait justice!... ah! j'ai
pu envisager avec étonnement, avec effroi, toute la portée de
la mission que vous preniez sur vous d'accomplir; j'ai admiré
votre audace, tout en détestant vos convictions. J'ai compris
alors que, pour le gouvernement d'un pays, les convictions
et les idées ne suffisent pas; que là où l'étude et la science
manquent au pouvoir, on doit s'attendre à des expériences
souvent mortelles, à des désastres dont mon esprit s'épouvante.

Je me suis donc séparé de vous, car je ne voulais pas le

renversement de l'ordre social existant; je ne veux pas le bouleversement de toutes les existences, la négation de tous les principes, le changement en sens inverse de toutes les institutions. Le pays, non plus, n'en veut pas, n'en peut pas vouloir; et la patrie, quand vous avez pris le pouvoir, vous demandait tout autre chose. En me séparant de vos œuvres, je garde ma foi de républicain sincère, républicain pour le bonheur, non pour le malheur, l'avilissement de la patrie, la destruction de sa civilisation, à quoi conduisent, selon moi, toutes vos idées et vos actions. Ceci posé; j'entre en matière.

Quand on veut, comme vous, citoyens, trouver des capitalistes et des capitaux, il ne faut pas commencer par les épouvanter et les faire fuir. Une fois partis, ils ne reviennent pas de long-temps. S'il est vrai qu'on a pu, en quelques jours, ruiner chez nous la confiance et le crédit, il n'est pas moins vrai qu'il faut beaucoup de temps, de sécurité et d'efforts pacifiques pour réparer ce qu'on a endommagé, et regagner ce qu'on a perdu de la sorte. Vous aviez des capitalistes et des capitaux le 25 février, mais la confiance qui les réunissait alors pouvait-elle tenir en présence de tant de mesures de terreur que vous avez accumulées contre le pays, et ce, de gaîté de cœur, sans qu'elles fussent justifiées par la moindre résistance, puisque tout le monde adhérait, et adhérait d'autant plus sincèrement qu'il n'y avait de possible et de praticable que le seul parti de l'adhésion.

La confiance, le crédit et les capitaux ne pouvaient tenir devant vos ridicules essais d'organisation de travail et d'association, à l'aide desquels tout se désorganise autour de nous!

Devant le despotisme inintelligent de vos proconsuls et le peu de valeur de vos choix!

Devant l'extravagance de vos circulaires!

Devant la platitude et la niaiserie de tant de harangues, de protestations, de manifestations et de démonstrations, encouragées comme à dessein d'achever d'abrutir le peuple le plus spirituel de l'univers!

Devant vos promenades et vos plantations d'arbres de li-
berté, ainsi que devant les quêtes à main-armée dont ces bur-
lesques cérémonies ont été l'occasion, parmi des propriétaires
et des habitants frappés d'épouvante ! ..

Devant vos dons et offrandes patriotiques *volontaires,* pro-
voqués à grands coups de réclames et de circulaires, dont
l'accumulation et la multitude ont pour effet d'inquiéter,
d'intimider et de contraindre la tiédeur et les résistances (1)!

Enfin, devant vos destitutions en masse, véritable massacre
de militaires, de fonctionnaires et d'employés de toute espèce,
de tout rang et de tout grade, dont les existences ont été en
pure perte sacrifiées. Qu'ont fait ou entrepris de criminel contre
la République tant d'obscurs travailleurs, vivant de modiques
salaires, pour s'autoriser à leur ravir avec tant de brutalité et
de cruauté leur pain, celui de leurs femmes et de leurs enfants?
Les larmes, le désespoir, la misère de tant d'innocents persé-
cutés épouvantent la confiance; ne la demandez pas à un pays
au sein duquel tant de souffrances sont répandues. Fussent-
elles indispensables à votre République, mieux valait cent fois
y renoncer que d'en prendre, pour des cœurs humains, l'af-
freuse responsabilité. O Lamartine ! toi dont on a vanté la phi-
lanthropie pleine de douceur et d'amour, de dévouement et de
charité, es-tu donc devenu sans entrailles par la politique du
jour, et aussi cruel que tu étais tendre? Comment est-il possible d'expliquer que, sourd aux cris de tant de misères, tu
consentes de prêter ton concours et ta complicité à ces
aveugles fureurs, dont un million de victimes gémissent
dans les larmes et le désespoir?

---

(1) J'ai l'honneur de signaler aux citoyens Commissaires chargés des
dons et offrandes, ce que j'ai été à même de reconnaître personnellement:
c'est que beaucoup des plus empressés à souscrire les offrandes en question, sont des detteurs et débiteurs obstinés, qui font les libéraux sans
être libérés, et du dévouement patriotique à bon marché, puisque c'est
aux dépens de leurs créanciers. Au moins devrait-on faire inscrire dans
les listes les noms de ceux-ci; ce serait de toute justice : à tout seigneur,
tout honneur !

Au reste, il est certain qu'à part toutes ces violences et absurdités, des financiers improvisés, qui se révèlent de la force de M. Pagès, ne sauraient inspirer confiance, quand on les voit ne faire servir le pouvoir arbitraire dont ils sont investis qu'à désorganiser tous les services, tous les éléments les plus précieux de la fortune publique et de l'ordre social, enfin s'efforcer, par mille traits d'ignorance et d'incapacité, d'anéantir la banque, le commerce et l'industrie. A bout de ressources, obligés de créer des impôts pour remplacer les revenus assurés que leur égarement criminel leur a fait sacrifier, et dont il faut espérer qu'ils rendront compte un jour à la patrie, soyez certains qu'ils prendront pour objet de leurs nouvelles créations fiscales tout ce qu'il y a de plus niais, de plus maladroit, de plus improductif. Quelle triste expérience à subir, ô mon pays !

C'est ainsi qu'en dernier lieu a été promulgué ce décret qui, aux applaudissements d'une tourbe ignorante d'adulateurs, a frappé d'un impôt de un pour cent les créances hypothécaires existantes depuis l'origine et la fondation du système, lequel remonte au temps des Romains. C'est de ce décret que j'ai le projet de signaler les vices à mes concitoyens, et à vous-mêmes, citoyens gouvernants provisoires, persuadé que je suis et assuré que je vous ferai, par des démonstrations sans réplique, reculer devant les monstruosités que ce décret consacre.

Tout le monde est d'accord que la rétroactivité est proscrite en matière de législation civile ou pénale, comme en finances et en économie politique. La rétroactivité, c'est le chaos, c'est la violence substituée aux principes, c'est l'injuste mis à la place du droit. Vous saviez ou vous avez dû savoir cela; ce qui ne vous a pas empêché d'adopter, pour base du décret, la rétroactivité. Première observation.

Ainsi vont être assujettis aux perceptions du fisc les titulaires de créances remontant à l'origine du régime hypothécaire. Pas de limite au territoire de vos impositions rétrospectives ! Et, comme malgré le laps de temps écoulé, la prescription ne court

pas à raison de certaines créances et de certains créanciers,
Dieu sait que de richesses vous allez trouver dans les catacom-
bes de vos conservateurs, que d'inquiétudes vous soulevez dès
à-présent ! Une pareille mesure deviendrait effrayante pour les
contribuables, si elle n'était, heureusement pour eux, inexécu-
table. Rechercher des créanciers, à l'occasion de créances pour
lesquelles ils ont satisfait, depuis trente ans et plus, à toutes
les conditions fiscales des lois et réglements sous l'empire
desquels ces créances ont été constituées, c'est en vérité
comme si, augmentant aujourd'hui le prix du tabac, vous
compreniez dans l'augmentation prescrite non pas les consommateurs de demain, non pas les consommateurs à venir
(ceux-là sont exempts d'augmentation, et pour bonne raison :
c'est qu'autrement ils ne consommeraient pas), mais tous les
consommateurs passés, depuis l'origine du monopole ! Qu'à
la suite de votre décret, je paie demain, pour ma consommation, un prix double ou triple, suivant les exigeances de
vos prescriptions, c'est juste, c'est légal ; je suis averti, je
sais ce à quoi je m'expose ; je subis sans murmurer la condition où me place mon désir ou mon besoin de consommation
de la denrée imposée. Mais, au contraire, accorder aux consommateurs futurs grâce et remise de toute augmentation,
pour faire peser l'accroissement d'impôt sur les consommateurs antérieurs et défunts, est une conception tellement sin-
gulière, tellement excentrique, qu'on ne saurait la considérer
autrement que comme le résultat du délire de quelque cer-
veau malade.

Autre observation : Pourquoi manquer de franchise? C'est
en manquer, voulant attaquer les capitalistes, vu qu'ils ont été
jusqu'à présent, les scélérats ! étrangers aux charges publiques, vous dites cela dans l'exposé de vos motifs, que de
vous en prendre comme objet de perception aux hypothè-
ques, lesquelles, vous le savez bien, loin d'indiquer, de démontrer les capitalistes, les excluent naturellement. Il faut
franchise, clarté, netteté, pour première condition d'une
bonne loi fiscale ; toute disposition, toute combinaison louche ;

douteuse, ambiguë, jette la méfiance et la perturbation dans les relations de l'administration avec les administrés, et porte atteinte aux produits de l'impôt. En conséquence, voulant et devant être francs, il fallait dire ouvertement ce qu'a dit un des vôtres à Lyon : *J'impose, ou nous imposons les capitalistes.* Ceci suffit ! Il ne s'agit plus que de choisir vos *capitalistes*, voués à l'impôt, de déterminer la quotité des capitaux que possède chacun d'eux, ce qui est la chose la plus facile du monde ; en suite de quoi vous arrêtez le chiffre de leur capitation personnelle, et vous les contraignez à paiement. Toute cette besogne est d'une extrême simplicité ; elle devra s'accomplir et s'exécuter par des commissaires de votre choix, hommes purs et dévoués, qui sauront bien vous déterrer *les capitalistes*, fussent-ils cachés dans les entrailles de la terre. Seulement comme ces consciencieux agents n'auront pas le même pouvoir, pour faire apparaître les capitaux de vos contribuables, attendez-vous à quelques difficultés et retards dans la rentrée de l'impôt.

C'est là, croyez-moi, la seule méthode à suivre pour atteindre ce que vous avez la prétention d'atteindre, *les fortunes.* Malheureusement les fortunes n'existant plus, vous n'arriverez à les imposer que par fictions, c'est-à-dire qu'en fesant, de votre autorité, *des riches,* auxquels vous demanderez leur rançon, qu'ils paieront comme ils pourront. Voilà un impôt que je comprends ; il est suivant vos intentions, vos principes. Il faudra bien que vous en veniez à l'adopter, et c'est là que je vous attends. Au fait, je suis assez disposé à me ranger de votre côté. Les riches, quand même ils auraient cessé de l'être (ce qui n'a pu se produire que par un concours de circonstances indépendant de leur volonté, d'où il suit qu'on ne leur doit savoir légitimement aucun gré de leur transformation obligée), ne méritent aucune considération ni ménagements, ni pitié ni miséricorde. On peut, on doit sans le moindre scrupule, leur ravir ce qui leur reste de leurs richesses, s'il leur en reste, pour compensation et en expiation des torts qu'ils ont faits à la société, au temps qu'ils étaient vraiment riches, et comme tels *étrangers aux charges publiques*, qui, comme chacun sait, avant le ministère de **M. Pagès**, pesaient exclusivement sur la classe pauvre des travailleurs ! Je vous livre les riches; qu'on en fasse une Saint-Barthélemy patriotique, si cela peut être glorieux et utile à la patrie, je déclare que le carnage ne m'atteindra pas, attendu que je n'ai jamais possédé, même entrevu les richesses.

Toutefois, je ne puis m'empêcher de reconnaître que les riches avaient du bon, en ce qu'ils ne pouvaient se passer de serviteurs qu'ils nourrissaient, qu'ils payaient, ce qui pouvait équivaloir aux salaires de la brouette nationale ; qu'ils consommaient, dépensaient, bâtissaient, détruisaient, édifiaient, démolissaient en plusieurs lieux, où le pauvre monde trouvait à s'employer plus utilement qu'à cette maudite brouette, seule et unique refuge, mais pourtant précieuse consolation du travailleur sans travail. Ce n'est pas moi certes qui voudrais médire de cette institution philanthropique, assez mal organisée d'ailleurs, mais qui est certainement ce que la Révolution de Février a encore produit de mieux. Hélas ! ce pieux établissement, ouvert aux misères actuelles, se recrute de trop d'infortunes, pour qu'on ne s'attendrisse pas à l'idée des soulagements nombreux et incontestables qu'il leur procure.

Au surplus, grâce à **M. Pagès**, à ses lois somptuaires et à son impôt progressif, seul équitable, car le proportionnel ne l'est pas, nous n'aurons plus désormais dans notre *belle France*, régénérée par ces ingénieuses innovations, ni misères ni infortunes à rencontrer, à soulager. Nous allons respirer en pleine Salente, comme dans une cité où floriront toutes les vertus civiques, à l'ombre des lois nouvelles, faites pour assurer et garantir la médiocrité au riche et l'abondance au pauvre (1). Vive la prophétie, vive le prophète !

---

(1) Nos Français sont trop spirituels pour devenir jamais vertueux à la manière du Télémaque; on aura beau faire, on ne parviendra pas à les transformer. On peut bien les pousser vers la misère, mais je n'aperçois pas qu'on leur ait fait faire un pas, jusqu'à présent, vers la philosophie

Je pourrais me fier à ses prédictions, si elle ne reposaient pas sur de vieilles expériences déjà tentées par nos grands pères. Eux aussi ont tâté des lois somptuaires, des impôts progressifs, et d'une infinité de systêmes d'impôts, auxquels, après épreuve et réflexion, ils ont dû renoncer, et ont renoncé en effet avec dégoût, avec mépris, reconnaissant ce qui est vrai, que les impôts sur le luxe ne rapportent rien; que les restrictions mises aux grandes fortunes sont plus nuisibles qu'utiles à la fortune publique; qu'il faut des fortunes et de grandes fortunes, pour le bien du pauvre et pour l'avantage de la République, et une foule d'autres vérités, triviales autrefois, contre lesquelles M. Pagès et ses amis paraissent décidés à revenir aujourd'hui, à tort, selon moi. Ainsi sont arrivés à conclure nos pères, alors qu'ils ont mis de côté les pauvretés qu'on veut aujourd'hui nous faire passer pour du nouveau. Pourquoi faut-il que le résultat de leurs expériences soit perdu pour leurs enfants!

Pour ce qui est de voir dans un créancier hypothécaire *un capitaliste*, et à ce titre de prétendre qu'il a toujours été étranger *aux charges publiques*, c'est ignorer les conditions les plus vulgaires des affaires les plus simples et les plus com-

---

et la raison. Je crois, toutes réflexions faites, que les Parisiens actuels, dans leurs mœurs et dans leurs conditions, à la vertu, à l'insipidité près, valent bien les Salentins, sur lesquels M. Pagès voudrait nous modeler; et que tous seront de l'avis de leur célèbre concitoyen Voltaire, lorsqu'il dit dans certaine épitre :

« Or, maintenant, Monsieur du Télémaque,
« Vantez-nous bien votre petite Ithaque,
« Votre Salente et ses murs malheureux,
« Où vos Crétois, tristement vertueux,
« Pauvres d'effet et riches d'abstinence,
« Manquent de tout pour avoir l'abondance.
« J'estime fort votre style flatteur,
« Et votre prose, encor qu'un peu traînante,
« Mais, mon ami, je consens de grand cœur,
« D'être fessé dans vos murs de Salente,
« Si je vais là pour chercher mon bonheur!

munes, ou c'est mentir, tromper son public, enfin se prévaloir d'un mauvais prétexte pour autoriser une mauvaise mesure. Un créancier qui fait un placement, pouvait avant le placement, passer pour capitaliste : il avait ses capitaux. Mais une fois le placement effectué, vous ne pouvez pas dire qu'il est encore capitaliste, puisqu'il s'est dessaisi. Tout au plus devient-il rentier, exposé à toutes les chances bonnes ou mauvaises du service plus ou moins exact de sa rente, et tout au plus peut-il passer pour capitaliste en expectative, ayant droit et pouvoir de redevenir tel à son remboursement, si on le rembourse. Il est infiniment plus juste de dire que c'est l'emprunteur, qui, par la tradition des espèces qu'il a empruntées, est devenu capitaliste. Alors imposez le débiteur ! Quoi qu'il en soit, que l'impôt doive peser sur l'un ou l'autre du prêteur ou de l'emprunteur, du débiteur ou du créancier, je comprendrais que cet impôt pût à la rigueur être considéré comme équitable, mais ce serait seulement à la condition de ne l'exiger qu'au paiement réel, et à la libération du débiteur entre les mains de son créancier ; autrement l'impôt est inique. Il est vrai que personne ne payant plus depuis votre avènement au pouvoir, il y aurait pour vous quelque chose de défectueux à faire du paiement des débiteurs, la condition de l'impôt que vous portez sur les créanciers ; l'objet de vos perceptions serait encore à chercher aujourd'hui. Je ne crois pas qu'on le trouve de long-temps.

Ainsi donc, le créancier pur et simple hypothécaire, en vertu d'obligation, n'est pas, ne peut pas être réputé capitaliste. Combien cette vérité est-elle encore plus vraie, plus saisissante, à l'égard d'un créancier porteur de *jugement définitif*.

Quel singulier capitaliste, en effet, que celui à qui un débiteur ne peut ou ne veut pas rendre son capital sans contrainte de justice, contrainte qui manque toujours ou presque toujours d'efficacité. Voulez-vous bien faire ? Mettez, au lieu d'un pour cent, dix, si bon vous semble, de ce que paiera le débiteur, mais seulement exigible quand il paiera. Une pareille combinaison aura du moins le mérite d'être exempte d'absurdité, d'injustice et de rétroactivité. Je m'empresse de reconnaître encore que, comme depuis le 24 février aucun jugement n'a encore été acquitté par aucun débiteur, la matière première de la perception vous échapperait, et doit vous échapper encore long-temps, si elle était soumise, comme cela paraît juste, à la condition de la libération en espèces du débiteur. *Mauvais moyen de faire de l'argent!*

Quoi! ce ne sera pas assez pour un créancier porteur de jugement, de perdre sa créance et ses frais, le plus souvent, après n'avoir touché aucun intérêt, il faudra encore, pour la plus grande gloire et satisfaction du Gouvernement provisoire, que ce créancier ajoute à sa perte un pour cent du montant de cette perte au profit de la République! Dans quelles cervelles peuvent se produire des idées de justice aussi étranges que celles qui tendent à un semblable résultat?

Je sais plusieurs débiteurs, et j'en pourrais citer qui, pour ne rien posséder au monde en fait d'actif, de meubles et d'immeubles, n'en sont pas moins très-abondamment pourvus de dettes hypothécaires résultant de jugements rendus contre eux, même pour plusieurs millions, dont ils ne paieront certainement pas une obole. Quel tour la loi nouvelle va jouer à leurs créanciers!

La troisième classe de créances hypothécaires atteintes par le décret dont je m'occupe, se résume dans les prix d'acquisitions de propriétés restant dus, en tout ou en partie, aux vendeurs primitifs. A leur égard, même raisonnement que tout à l'heure : tant que le prix est dû, le créancier n'est pas capitaliste, il ne peut qu'éventuellement seulement le devenir. N'est-il pas souverainement injuste de l'imposer pour une éventualité qui peut ne pas se réaliser? La raison et l'équité n'exigent-elles pas, pour permettre d'imposer honnêtement les capitaux d'un capitaliste, qu'on attende que ces capitaux existent et se réalisent en sa possession? Frappez donc encore une fois les remboursements à venir, au risque de ne rien frapper du tout : cela sera en tous cas moins sot, moins odieux, moins ridicule, que d'imposer un capitaliste, en vue de capitaux qu'il ne possède pas, qu'il ne détient pas, et que, par le temps qui court, il est presque certain qu'il ne détiendra jamais. Sachez bien que, de toutes les créances hypothécaires existantes dans un bureau de conservation, il y en a à peine un dixième susceptible de venir en ordre utile sur le prix des immeubles qu'elles affectent. Assimilerez-vous à ce dixième qui vient utilement sur la propriété, les neuf dixièmes qui en sont exclus ? Votre décret semble dire que oui ; auquel cas vous imposerez sur cent, quatre-vingt-dix capitalistes évidemment sans capitaux, et, de plus, qui sont sans espoir d'en jamais avoir ! Sachez encore qu'il n'y a plus aujourd'hui une seule créance hypothécaire qui ait conservé son titre nominatif, ni même la moitié de sa valeur de création, 1° à cause de la déroute générale qui a produit l'insolvabililé générale des débiteurs ; 2° à cause de la dépréciation des propriétés. Telle maison, dans Paris, avait coûté à construire cinq cent mille francs, pures dépenses, qui, par conséquent, valait mieux que ce prix avant février, et qui vaut aujourd'hui le cinquième à peine de ce qu'elle a coûté à bâtir. Ajoutez encore que les porteurs de créances hypothécaires ne sont pas, pour le plus souvent, sans obligations à remplir, sans dettes à payer, et qu'il serait équitable de leur tenir compte, dans l'établissement de leur condition de capitaliste, du passif dont ils ont à s'acquitter d'un autre côté. Quel homme est assez heureusement pourvu pour ne posséder que des créances, sans avoir par contre quelques engagements pécuniaires à sa charge ? Mais c'est ce que vous n'avez pas prévu dans votre sagesse.

Quant aux charges auxquelles les capitalistes dont il s'agit ont été étrangers jusqu'à présent, il ne sera pas difficile de vous les faire apercevoir :

1° L'hypothèque est un accessoire, un démembrement de la propriété ; elle constitue un moyen d'utilisation, de mobilisation de cette même propriété, dont elle est une dérivation *essentielle,* inséparable. Sous ce rapport, l'hypothèque n'est pas étrangère aux charges de la propriété ; au contraire, elle participe à toutes ces charges, qui sont fort lourdes et fort variées. Prendre une hypothèque pour matière imposable, par cette raison que la propriété qui la comprend est seule imposée, lorsque l'hypothèque en est affranchie, c'est comme si, indépendamment des impôts fonciers actuels pesant sur un domaine en exploitation, vous vouliez encore imposer les récoltes qui en proviennent, sous prétexte qu'elles sont étrangères aux charges du domaine. Chef-d'œuvre d'extravagance et d'égarement fiscal! Quand le fonds a payé la contribution, les fruits sont quittes.

Il n'y a aucune raison pour que vous ne décomposiez pas en molécules et en fragments de molécules la propriété proprement dite, déjà imposée, fort lourdement, pour en soumettre tous les éléments essentiels à un nouvel impôt, assis sur chacun d'eux en particulier. Vous pouvez, avec autant de justice que pour le droit d'hypothèque, dire que l'air athmosphérique, que les arbres et les feuilles des arbres, que l'eau, etc., sont toutes choses exemptes des charges de la propriété, et par suite leur demander votre droit d'un pour cent! Comment le sens commun ne suffit-il pas pour vous apprendre que l'eau d'une propriété, l'air qui en dépend, les arbres qui l'enrichissent, de même que les feuilles qui couvrent ces arbres, de même que les fruits et les récoltes de toute nature, de même que la faculté d'hypothèque, représentent l'ensemble des éléments essentiels qui composent ce qu'on appelle une propriété ; et que la contribution qui frappe l'ensemble, en atteint, par cela même, chacun des détails?

2° L'hypothèque, quoique démembrement de la propriété, quoique participant aux contributions de la propriété, au respect du propriétaire débiteur, supporte une charge encore assez lourde dans la personne du prêteur ou créancier, car elle paie au fisc au moins un et demi pour cent à titre d'enregistrement et autres droits, droits que supporte le prêteur, quoi qu'on puisse dire, et quoique pour l'ordinaire l'emprunteur en fasse l'avance. Je dis que c'est le prêteur qui supporte le droit, et je le prouve, parce qu'il saute aux yeux qu'il aurait une augmentation d'intérêt de son capital, sans la nécessité de débourser deux pour cent pour frais. Ces deux pour

cent, répartis sur la durée ordinaire d'un placement, entre-
raient, si le droit n'existait pas, dans la poche du créancier,
au lieu d'aller s'engloutir dans les coffres de l'État, et le débiteur ou emprunteur qui verse ce droit à l'État, n'aurait aucun
motif à faire refus de le payer à son créancier, puisque aussi
bien ce droit est toujours perdu pour lui, débiteur.

Ce que nous disons présentement s'applique encore plus
étroitement à la position d'un vendeur, titulaire d'un prix de
vente qui lui est dû. Ce malheureux a supporté, pour créer
son privilége, au moins huit pour cent, dont sept pris par le
fisc. Il semblerait que cette dépense devrait suffire ; non.
Votre loi le charge encore d'un pour cent, comme *étranger
aux charges*. Etranger aux charges ! après qu'il a supporté en
pure perte sept pour cent que vous avez encaissés, prélevés
sur le plus clair du prix de la propriété. Quelle dérision !
Ah ! doit-on insulter à ceux qu'on assassine ? Remarquez
bien aussi que, comme dans le cas précédent, l'acquéreur
qui vous a versé l'impôt de sept pour cent d'avance, et en sus
de ce qu'il redoit à son vendeur, ne vous fait ce versement
que pour le compte de celui-ci ; car cet acquéreur, s'il était
dispensé de payer le droit à vos préposés, en tiendrait compte
naturellement à son vendeur, qui, dans ce cas, en profiterait
à votre place : d'où il suit que c'est bien effectivement ce dernier qui supporte le droit en question.

Pour les créanciers porteurs de jugements, que dire qui
n'ait été déjà dit plus haut ? Il est certain que les droits et frais
qu'ils paient d'avance, avec la chance de tout perdre, mon-
tent encore plus haut que la dépense d'une obligation volon-
taire.

Voilà donc vos capitalistes ! Voilà les singulières richesses
que vous prétendez atteindre. Je vous fais juges à présent
vous-mêmes du merveilleux chef-d'œuvre que vous venez de
mettre en lumière, avec la responsabilité du citoyen Garnier-
Pagès, votre ministre des finances. Et vous avez eu le courage
d'approuver de pareilles pauvretés ! *Malheureuse France !
Malheureux gouvernement !* La démonstration que je viens de

faire établit clairement, je crois, que les motifs du décret du 19 avril, tels que ce décret les énonce, sont de toute fausseté; que le principe déterminant, celui qui, selon vous, doit faire atteindre le capitaliste, est également faux; que la créance hypothécaire, loin de démontrer dans la personne du créancier un capitaliste étranger aux charges, indique tout le contraire; que, loin que la créance hypothécaire constituée soit étrangère aux charges de la propriété, elle y participe et s'augmente d'un droit indirect d'enregistrement que supporte le créancier; que, par conséquent, dans votre élucubration financière, il y a la preuve incontestable de l'ignorance ou de l'étourderie de ses auteurs. « Voilà comme on travaille un royaume en finances!... »

Il est trop tard, citoyens gouvernants provisoires, pour espérer de rencontrer des capitalistes : où pourriez-vous en trouver? Dans quelle classe de citoyens les prendre? Ce ne sera pas parmi les industriels et les commerçants, dont vous avez tout fait pour accroître le malaise. A peine dix maisons à Paris (et la province ne vaut pas mieux) subsistent-elles encore, faisant honneur à leur signature; en supposant qu'elles parviennent à payer jusqu'à la fin, cette fin sera pour elles, comme pour tous les négociants, marchands ou banquiers, une ruine complète. Vous n'irez pas auprès des officiers ministériels, pour rencontrer l'aisance et les capitaux. Leurs offices achetés à haut prix, menacés aujourd'hui, sont sans valeur aucune; perte sèche du plus beau et du plus clair de leur avenir. En outre, faute d'affaires, faute de transactions, faute d'argent, faute de confiance, par votre fait, par votre faute, leurs occupations, leurs gains sont nuls, tandis que les dépenses obligées de leur état et de leur position vont leur train. Quant aux fonctionnaires et employés, vous savez, et peut-être avez-vous le courage de vous en réjouir, la triste condition que vous avez faite au plus grand nombre d'entre eux, l'état de misère où vous les avez réduits; sans parler de ce que vous réservez encore à ceux qui sont restés provisoirement. Irez-vous aux propriétaires? Hélas! j'en sais qui sont tout disposés à vous passer leur propriété à leur lieu et place ; tant elle est ingrate aujourd'hui pour ses maîtres. Les fermiers et locataires ne payent plus ; en outre, à des impôts déjà excessifs, vous avez ajouté les quarante-cinq centimes. Remarquez encore que peu de propriétaires sont exempts de charges hypothécaires, dont le chiffre est invariable et ne saurait diminuer, tandis que la valeur de la propriété va sans cesse décroissant. Il y aurait de l'inhumanité à les forcer en dépense après cela ; on l'essaierait, d'ailleurs peut-être, inutilement. Ayant détruit les capitalistes, il est inconséquent et illogique de prétendre les recréer aujourd'hui ; ces sortes de créations ne se font pas en un jour, comme on improvise une loi ou un décret sur les créances hypothécaires. Une autre fois, je vous traiterai de l'impossibilité matérielle de donner à ce décret ridicule, même un commencement d'exécution. Tout le monde comprendra qu'une créance hypothécaire ne peut exister telle sans la volonté du créancier, et que dans la position actuelle des choses, en admettant que vous parveniez à mettre la main sur aucune créance sérieuse de cette nature, le créancier aimera mieux donner main-levée de son hypothèque, et renoncer à un gage d'ailleurs très-incertain, que d'ajouter aux éventualités de pertes accumulées contre lui, la réalité d'une dépense certaine de un pour cent à votre profit.

Salut et fraternité.

GÉRARD.

Paris, le 24 avril 1848.

A. GUYOT et SCRIBE, Imprimeurs,
rue Neuve-des-Mathurins, 18.